Se inteligente con tu dinero

Necesidades y deseos

por Nadia Higgins

Bullfrog Books

Ideas para padres y maestros

Bullfrog Books permite a los niños practicar la lectura de texto informacional desde el nivel principiante. Repeticiones, palabras conocidas y descripciones en las imágenes ayudan a los lectores principiantes.

Antes de leer

- Hablen acerca de las fotografías. ¿Qué representan para ellos?

- Consulten juntos el glosario de fotografías. Lean las palabras y hablen de ellas.

Durante la lectura

- Hojeen el libro y observen las fotografías. Deje que el niño haga preguntas. Muestre las descripciones en las imágenes.

- Lea el libro al niño, o deje que él o ella lo lea independientemente.

Después de leer

- Anime a que el niño piense más. Pregúntele: ¿Alguna vez has querido comprar algo? ¿Lo necesitabas? ¿O solamente lo querías?

Bullfrog Books are published by Jump!
5357 Penn Avenue South
Minneapolis, MN 55419
www.jumplibrary.com

Library of Congress Cataloging-in-Publication Data is available at www.loc.gov or upon request from the publisher.

ISBN: 978-1-62496-732-0 (hardcover)
ISBN: 978-1-62496-733-7 (paperback)
ISBN: 978-1-62496-679-8 (ebook)

Editor: Jenna Trnka
Book Designer: Molly Ballanger
Photo Researcher: Molly Ballanger

Photo Credits: VaLiza/Shutterstock, cover (left), 6, 8; Ruth Black, cover (right); Gelpi/Shutterstock, 1; Kiselev Andrey Valerevich/Shutterstock, 3; wavebreakmedia/Shutterstock, 4, 5, 23br; Erik Dreyer/Getty, 6–7, 8–9; Gareth Brown/Getty, 10; zulnazir/iStock, 11; wavebreakmedia/iStock, 12–13; Ovchinnikova Irina/Shutterstock, 14; Jose Luis Pelaez/Getty, 15; gorillaimages/Shutterstock, 16–17, 18–19; Jakub Krechowicz/Shutterstock, 18, 23bl; Tom Burlison/Shutterstock, 20–21 (foreground); Phonlamai Photo/Shutterstock, 20–21 (background); oksana2010/Shutterstock, 22tl; Nattika/Shutterstock, 22bl; Khajornkiat Limsagul/Shutterstock, 22tr; Darren Brode/Shutterstock, 22br; yingtustocker/Shutterstock, 23tr; Billion Photos/Shutterstock, 23tl; kzww/Shutterstock, 24l; Mariyana M/Shutterstock, 24r.

Printed in the United States of America at Corporate Graphics in North Mankato, Minnesota.

Tabla de contenido

Necesidades antes de deseos

Es hora del almuerzo.

Bo quiere postre.

¿Pero qué necesita primero?

Comida saludable.

5

Mic tiene dinero
para algo de tomar.

Quiere una refresco.

¿Él lo necesita?

No.

Su cuerpo necesita agua.

Maya y su mamá
salen de compras.

Maya quiere un juguete
para la alberca.

Pero necesitan
bloqueador solar.

**Primero compran
el bloqueador solar.**

Tienen dinero de sobra.

**Ahora Maya puede
comprar un juguete.**

El papá de Tiff le da dinero en la tienda.

Ella necesita fruta.

Ella quiere fruta.

Ella compra manzanas. ¡Rico!

Zac quiere una tabla de snowboard.

Pero necesita un abrigo de invierno.

14

Su mamá le compra un abrigo primero.

bicicleta

Rita quiere una bicicleta nueva.

¿La necesita?

No.

Su bicicleta funciona.

Rita ahorra sus domingos.

Pronto ella tendrá suficiente dinero.

Ella comprará una bicicleta nueva.

¿Qué es lo que tú necesitas?
¿Qué es lo que tú quieres?

¿Necesidad o deseo?

¿Qué artículos son necesidades? ¿Qué artículos son deseos?

Glosario con fotografías

deseos
Cosas que nos gustaría tener, pero no las necesitamos.

necesidades
Algo que necesitamos para sobrevivir, tales como comida saludable, agua y vivienda.

domingos
Dinero que se gana al hacer quehaceres.

saludable
Algo bueno para el cuerpo.

Índice

Para aprender más

Aprender más es tan fácil como 1, 2, 3.

1) Visite www.factsurfer.com

2) Escriba "necesidadesydeseos" en la caja de búsqueda.

3) Haga clic en el botón "Surf" para obtener una lista de sitios web.

Con factsurfer.com, más información está a solo un clic de distancia.